DIS-MOI Madame Irma ?

RÈGLE DU JEU :

Étale les cartes en éventail devant toi, pense
fort à t
tire un
ne te
questi
argent
Aucur

QUELQUES EXEMPLES DE QUESTIONS POUR LANCER LE JEU :

- *Est-ce que je vais réussir mes exams ?*
- *Des vacances aux Caraïbes ?*
- *Un compte en banque plus fourni ?*
- *Les écologistes prennent le pouvoir ?*
- *Un appel de mon ex ?*
- *La France championne du monde de foot ?*
- *Une année sabbatique ?*
- *Je me réconcilie avec ma meilleure amie ?*
- *La fin du réchauffement climatique ?*
- *Un job de rêve pour bientôt ?*
- *Un road trip en van cette année ?*
- *Un week-end à Venise ?*

Conception du jeu : **Cyril Laffitau**
Direction éditoriale : **Nathalie Viard**
Édition : **Thierry Olivaux**
Direction artistique : **Géraldine Lamy**
Conception graphique : **Frédéric Manlay**
Fabrication : **Donia Faiz**

ISBN : 978-2-03-602624-7
Imprimé en RPC
Dépôt légal : septembre 2022
331157/01 - 11050250 - avril 2022

C'EST SUR LA BONNE VOIE

DIS-MOI
Madame Irma
?

FAUT VOIR !

DIS-MOI Madame Irma ?

PAS TOUT DE SUITE

DIS-MOI Madame Irma ?

PAS TOUT
DE SUITE

DIS-MOI Madame Irma ?

POURQUOI PAS ?

DIS-MOI Madame Irma ?

SI TU Y
CROIS FORT,
CELA SE
RÉALISERA

DIS-MOI ?
Madame Irma

SI TU Y
CROIS FORT,
CELA SE
RÉALISERA

DIS-MOI Madame Irma ?

GAGNÉ !

DIS-MOI Madame Irma ?

AVEC DE LA PERSÉVÉRANCE, AUCUN DOUTE !

DIS-MOI ?
Madame Irma

REPOSE LA QUESTION

DIS-MOI Madame Irma ?

REGARDE
À TROIS FOIS
AVANT DE PRENDRE
UNE DÉCISION

DIS-MOI Madame Irma ?

PEUT-ÊTRE

DIS-MOI
Madame Irma ?

PEU DE CHANCE

DIS-MOI ?
Madame Irma

PEU DE
CHANCE

DIS-MOI ?
Madame Irma

ÉVIDEMMENT !

DIS-MOI Madame Irma ?

C'EST
ENVISAGEABLE

DIS-MOI
Madame Irma
?

C'EST COMME SI C'ÉTAIT FAIT !

DIS-MOI
Madame Irma
?

TU PEUX OUBLIER

DIS-MOI ?
Madame Irma

BIEN SÛR !

DIS-MOI ?
Madame Irma

N'Y COMPTE PAS !

DIS-MOI Madame Irma ?

LE SORT
EN EST JETÉ

DIS-MOI Madame Irma ?

PAS POSSIBLE

DIS-MOI
Madame Irma
?

NON !

DIS-MOI
Madame Irma ?

MÊME PAS EN RÊVE !

DIS-MOI
Madame Irma ?

NE T'INQUIÈTE PAS POUR CELA

DIS-MOI Madame Irma ?

SANS AUCUN DOUTE

DIS-MOI
Madame Irma
?

CE N'EST PAS IMPOSSIBLE

DIS-MOI ?
Madame Irma

ÇA NE M'ÉTONNERAIT PAS

DIS-MOI
Madame Irma
?

ÇA NE M'ÉTONNERAIT PAS

DIS-MOI Madame Irma ?

OUI, PRENDS
TON COURAGE
À DEUX MAINS

DIS-MOI Madame Irma ?

UNE CHANCE
SUR TROIS, OU
PEUT-ÊTRE MOINS

DIS-MOI
Madame Irma
?

UNE CHANCE SUR DEUX

DIS-MOI Madame Irma ?

UNE CHANCE
SUR DEUX

DIS-MOI
Madame Irma
?

C'EST PROBABLE

DIS-MOI ?
Madame Irma

C'EST PROBABLE

DIS-MOI ?
Madame Irma

C'EST SÛR !

DIS-MOI ?
Madame Irma

C'EST SUR LA
BONNE VOIE

DIS-MOI
Madame Irma
?

ÇA VA TE DEMANDER UN PEU D'EFFORT

DIS-MOI ?
Madame Irma

ÇA NE SE PASSERA PAS COMME PRÉVU

DIS-MOI ?
Madame Irma

ÇA NE SE
PASSERA PAS
COMME PRÉVU

DIS-MOI
Madame Irma
?

TU VEUX
VRAIMENT SAVOIR ?
ALORS TIRE UNE
AUTRE CARTE

DIS-MOI ?
Madame Irma

TU VAS RECEVOIR UN APPEL OU UN MESSAGE

DIS-MOI ?
Madame Irma

REGARDE
3 CARTES APRÈS
CELLE-CI

DIS-MOI Madame Irma ?

REFORMULE
LA QUESTION !

DIS-MOI
Madame Irma
?

POURQUOI
PAS ?

DIS-MOI
Madame Irma
?

C'EST POSSIBLE

DIS-MOI ?
Madame Irma

C'EST PEU PROBABLE

DIS-MOI Madame Irma ?

MÊME PAS
EN RÊVE !

DIS-MOI ?
Madame Irma

C'EST PEU PROBABLE

DIS-MOI
Madame Irma
?

TU RÊVES !

DIS-MOI
Madame Irma ?

J'AI BIEN PEUR
QUE NON

DIS-MOI ?
Madame Irma

IL Y A DES RÉPONSES QU'IL EST PRÉFÉRABLE DE NE PAS CONNAITRE

DIS-MOI ?
Madame Irma

IL VA FALLOIR
PATIENTER
ENCORE UN PEU

DIS-MOI
Madame Irma
?

IL N'Y A PAS DE RAISON !

DIS-MOI
Madame Irma
?

IL N'Y A PAS DE RAISON !

DIS-MOI Madame Irma ?

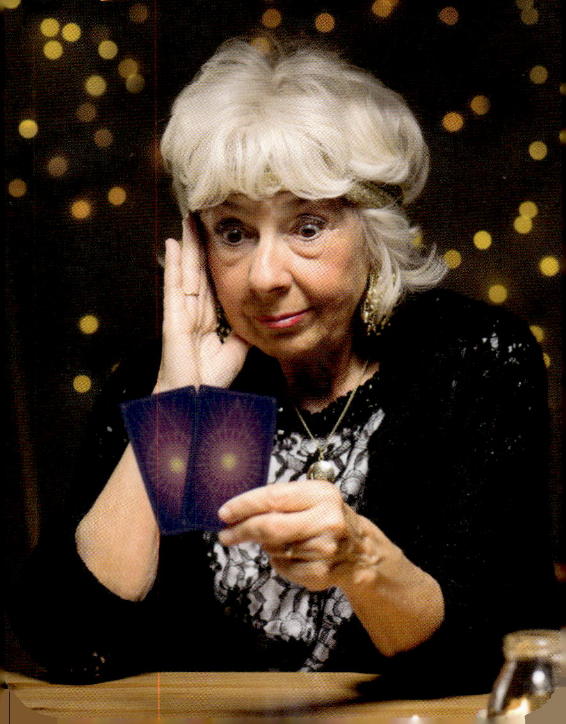

J’AI BIEN PEUR
QUE NON

DIS-MOI ?
Madame Irma

CE N'EST PAS IMPOSSIBLE

DIS-MOI ?
Madame Irma

CELA ME PARAÎT UTOPIQUE

DIS-MOI Madame Irma ?

C'EST UNE ÉVIDENCE

DIS-MOI ?
Madame Irma

C'EST UNE ÉVIDENCE

DIS-MOI
Madame Irma
?

OUI !

DIS-MOI Madame Irma ?

OUI !

DIS-MOI
Madame Irma
?

PAS CETTE FOIS

DIS-MOI Madame Irma ?

PAS ENCORE

DIS-MOI Madame Irma ?

PAS D'AVIS

DIS-MOI ?
Madame Irma

PAS ENCORE

DIS-MOI ?
Madame Irma

NON !

DIS-MOI
Madame Irma ?

TU PEUX COMPTER LÀ-DESSUS

DIS-MOI
Madame Irma
?

JOKER !

DIS-MOI Madame Irma ?

NE CHERCHE PAS À SAVOIR

DIS-MOI
Madame Irma
?

NE CHERCHE
PAS À SAVOIR

DIS-MOI Madame Irma ?

SOIS PATIENT

DIS-MOI
Madame Irma
?

SI JE TE LE DIS,
IL N'Y AURA PLUS
DE SURPRISE !

DIS-MOI Madame Irma ?

SÛREMENT !

DIS-MOI ?
Madame Irma

SOIS PATIENT

DIS-MOI ?
Madame Irma

TES DÉSIRS
VONT SE
RÉALISER

DIS-MOI Madame Irma ?

TES DÉSIRS VONT SE RÉALISER

DIS-MOI ?
Madame Irma

TOUT DÉPEND DE TOI

DIS-MOI
Madame Irma
?

TOUT
DÉPEND
DE TOI

DIS-MOI
Madame Irma ?

TU AS RAISON
D'Y CROIRE

DIS-MOI
Madame Irma
?

JE NE PENSE PAS

DIS-MOI Madame Irma ?

JE NE PENSE PAS

DIS-MOI ?
Madame Irma

JE N'Y
CROIS PAS
PLUS QUE ÇA

DIS-MOI Madame Irma ?

JE N'AI PAS D'AVIS

DIS-MOI Madame Irma ?

J'AI BIEN PEUR
QUE OUI

DIS-MOI ?
Madame Irma

J'AI BIEN PEUR QUE OUI

DIS-MOI Madame Irma ?

CERTAINEMENT !

DIS-MOI Madame Irma ?

CERTAINEMENT !

DIS-MOI Madame Irma ?

C'EST CERTAIN !

DIS-MOI Madame Irma ?

REFORMULE
TA QUESTION !

DIS-MOI ?
Madame Irma !

DEMANDE
À TON VOISIN
DE TIRER UNE
CARTE POUR TOI

DIS-MOI ?
Madame Irma

PAS ENVIE DE RÉPONDRE

DIS-MOI ?
Madame Irma

DEMANDE
VITE CONSEIL
À UN AMI

DIS-MOI Madame Irma ?

DIFFICILE
À DIRE
À CE STADE

DIS-MOI Madame Irma ?

ESSAIE
ENCORE !

DIS-MOI
Madame Irma
?

ESSAIE
PLUS TARD

DIS-MOI Madame Irma ?

DEMANDE
VITE CONSEIL
À UN AMI

DIS-MOI Madame Irma ?

C'EST CERTAIN !

DIS-MOI Madame Irma ?

TU RÊVES !

DIS-MOI Madame Irma ?